I0477767

FRASES MOTIVADORAS PARA PROFISSIONAIS DE ALTA PERFORMANCE EM VENDAS

ALFREDO DE AGUIAR LUZ

FRASES MOTIVADORAS PARA PROFISSIONAIS DE ALTA PERFORMANCE EM VENDAS

Edição do Autor

São Paulo

2018

FRASES MOTIVADORAS PARA PROFISSIONAIS DE ALTA PERFORMANCE EM VENDAS

Copyright © 2018 by Alfredo de Aguiar Luz

DADOS INTERNACIONAIS DE CATALOGAÇÃO NA PUBLICAÇÃO (CIP)
Carla Lopes Ferreira (Bibliotecária CRB1-2960)

L979f

Luz, Alfredo de Aguiar
    Frases motivadoras para profissionais de alta
performance em vendas / Alfredo de Aguiar Luz. –
1. ed. – São Paulo, SP: [s.n.], 2018.
    116p. ; figs ; 16x23cm.

    Inclui índice e biografia do autor.
    ISBN 978-17-917360-8-8

    1.Vendas. 2. Marketing. 3. Administração de vendas.
    4. Coaching. 5. Aperfeiçoamento profissional. I. Título.

                                        CDU 658.8-057.33
                                        CDD 658.8

TODOS OS DIREITOS RESERVADOS

Depósito legal na Biblioteca Nacional conforme Decreto no. 1.825,
de 20 de Dezembro de 1907. Proibida a reprodução no todo ou em
parte, por quaisquer meios, sem prévia autorização do autor.
altaperformanceemvendas17@gmail.com

DEDICATÓRIA

A minha esposa e filhos que sempre me incentivaram e foram a principal razão para minhas conquistas e a minha mãe in Memoriam.

Aos amigos(as) e colegas que me mantêm motivado através das mídias sociais e para aos quais tenho empenhado em dar minha contribuição.

Sumário

FRASES MOTIVADORAS

INTRODUÇÃO

Comecei a escrever o que apresento neste livro nas mídias sociais, com o único intuito de dar minha colaboração aos profissionais que diariamente acessam ao que escrevo.

Após um período recebi diversas sugestões de colocar no formato de um livro, primeiro no formato e-book para facilitar acesso via eletrônica, e poder ter acesso facilitada e agora no formato impresso.

A ideia é ler diariamente cada frase, para se ter um tempo de reflexão e procurar tirar o melhor de cada uma, podendo voltar naquelas que achar interessante.

Espero ter dado mais esta contribuição e num futuro próximo outras novidades.

FRASES MOTIVADORAS

230 FRASES DIÁRIAS

FRASE DIA 1

"Conhecer o "organograma real" de seus clientes é muito importante no Processo de Vendas. Verá que muito influenciadores e/ou quem decide são personagens diferentes do organograma oficial."

FRASE DIA 2

"Se você quer ser um Profissional de Vendas de Alta Performance, lembre-se que tem que querer, gostar, ter persistência, perseverança, esforço, dedicação, espírito de equipe, ser empático, manter relacionamentos e principalmente identificar e trabalhar nas melhorias, ou seja se preparar. Os resultados logo virão."

FRASE DIA 3

"Quando estiver preocupado, pensativo, pensando em desistir. Lembre-se que o "Sangue de Vendas" corre em suas veias e sempre nos renovamos como a Águia."

FRASE DIA 04

"Em Vendas a palavra SERVIR é mágica! abre portas, fortalece relacionamentos e fideliza clientes."

FRASE DIA 05

"Vendas é como uma orquestra devidamente capacitada nos respectivos instrumentos para a Alta Performance em Vendas. Seus processos garantem que as estratégias e táticas necessárias sejam combinadas e implementadas com sucesso para a superação dos desafios. Capacitação é a chave, prepare suas equipes!."

FRASE DIA 06

"Trabalhar em Vendas é como ser jogador ou técnico de futebol, tem momentos que estamos "por cima" superando nossas metas (fazendo gols ou o time ganhando), tem outros momentos que parece que "o gol foge da gente" e ai sofremos do mesmo mal da avaliação simplista de resultados imediatos e constantes. Como profissionais continuamos apostando e insistindo, trabalhando sempre nas melhorias e "voltamos a fazer gols."

FRASE DIA 07

"Gerenciar pessoas é uma das missões mais difíceis em nossa vida profissional, temos muitas dificuldades para sermos infalíveis. Mais fácil é a descoberta de como fracassar: tentar agradar e satisfazer todos ao mesmo tempo."

FRASE DIA 08

"Um grande problema de comunicação, que se aplica também em vendas, é que nós não escutamos de forma adequada e como deveríamos para entender as necessidades e expectativas de nossos clientes internos e externos. Nós usualmente escutamos para responder!."

FRASE DIA 09

"Viver o dia a dia em Vendas é somente parte do que idealizamos como nossos sonhos."

FRASE DIA 10

"O máximo em Vendas é para ser superado, mas só acontece para aqueles que tem muita garra, determinação, fé e paixão no que faz".

FRASE DIA 11

"A mudança e a inovação principalmente em Vendas é vital, pois se você continuar fazendo o que sempre fez, no máximo irá conseguir o que sempre recebeu."

FRASE DIA 12

"Em Vendas, na maioria das vezes, a apresentação de diferenciais mudam radicalmente a percepção de nossos clientes em relação à nossa capacidade frente a nossa concorrência."

FRASE DIA 13

"Desejar superar suas metas de vendas já é chave da determinação, mas o comprometimento, empenho, dedicação, e perseguição feroz das mesmas ("faca nos dentes") é que irão moldar o seu sucesso esperado."

FRASE DIA 14

"Vendas é às vezes arte e às vezes ciência e é aplicada no nosso dia a dia nas mais diversas situações, onde hora fazemos o papel de vendedores e outras de compradores."

FRASE DIA 15

"Não perca a oportunidade de causar uma boa primeira impressão. Se prepare, faça sua lição de casa, saiba muito bem do que vai estar e com quem vai estar falando. Impressione!".

FRASE DIA 16

"Conheça profundamente o mercado em que atua, o movimento de seus concorrentes e principalmente seus clientes e seus sonhos, anseios e necessidades. Faça tudo para superar as expectativas."

FRASE DIA 17

"A Motivação em Vendas é como a necessidade de beber água. Temos que nos saciar dentro do possível diariamente."

FRASE DIA 18

"Dar e ser o Exemplo, é a melhor forma de passar de forma exitosa seus conhecimentos, habilidades e atitudes para sua equipe de Vendas, pratique esta ação e verá ótimos resultados."

FRASE DIA 19

"A maior competência de um líder em Vendas é desenvolver competências extraordinárias que superem as expectativas para sua equipe, principalmente aquelas focadas na Alta Performance em Vendas."

FRASE DIA 20

"Em nossa Vida em Vendas! Quem não já viveu este momento! Para o Profissional de Vendas todo final de mês se vislumbra o resultado de todo o empenho e foco até o último instante, para o fechamento da meta de vendas do mês e também já se trabalha no que vem pela frente no próximo mês."

FRASE DIA 21

"Liderança em Vendas não é titulo ou posição

hierárquica, é o exemplo, motivação e geração do espírito sinérgico das equipes na execução e superação dos resultados."

FRASE DIA 22

"Além das muitas competências e atitudes, trabalhar com Vendas exige muita empatia, paciência, persistência, positivismo e principalmente saber se relacionar, paixão e esperança nos resultados que virão com certeza."

FRASE DIA 23

"Não lhe deram oportunidades! Que tal arregaçar as mangas, ir atrás, buscá-las ou criá-las."

FRASE DIA 24

"A Lei da Atração também se aplica em Vendas, pois ajuda os negócios e pessoas de acordo com suas convicções e desejos mais fortes, a atrair os fechamentos com a ajuda da mente e pensamentos positivos."

FRASE DIA 25

"Quando receber um Não em Vendas, tente entende-lo, procure seguir em frente e ver a melhor forma de lidar com eles com estratégias e ações para superação das objeções e de seus objetivos e metas."

FRASE DIA 26

"ALTA PERFORMANCE EM VENDAS é uma mistura de CONHECIMENTOS, HABILIDADES, ATITUDES e de muita PREPARAÇÃO e PAIXÃO."

FRASE DIA 27

"Lembre-se sempre que em Vendas o talento unicamente não é suficiente. O espírito de equipe, de conjunto, de sinergia, de coletividade, com todos os envolvidos no processo de Vendas, é que leva aos resultados vencedores."

FRASE DIA 28

"Em vendas, nos tempos ruins, o pessimista sempre reclama de tudo, o otimista tem esperança e espera a situação passar e o realista procura as melhorias até passar o tempo ruim."

FRASE DIA 29

"Vendas é como os raios que caem "sobre nós" e eletrificam/magnetizam nosso corpo e nossa alma, está no sangue".

FRASE DIA 30

"Alguns poucos profissionais de vendas são bem sucedidos por estarem predestinados, a grande maioria tem sucesso por serem determinados."

FRASE DIA 31

"O grande segredo de ser um grande vendedor é trabalhar com muita perseverança, com toda obstinação, caindo e se levantando, não desistindo dos muitos "Nãos" que irá receber em sua jornada de trabalho. Pode até vergar, mas NÃO PODE SE DEIXAR QUEBRAR!."

FRASE DIA 32

"Se você ou sua empresa quer continuar a crescer e

sobressair, invista fortemente em inovação e reinvenção."

FRASE DIA 33

"O Sucesso em Vendas é o resultado de quanto você se preparou e se dedicou para mostrar ser o melhor naquilo que faz."

FRASE DIA 34

"Você deve acreditar em você mesmo, fazer previamente sua lição de casa conhecendo sobre o que esta fazendo, seus clientes e suas expectativas, para poder surpreender positivamente e ter sucesso nas Vendas."

FRASE DIA 35

"As competências e atitudes de cada profissional irá distingui-los na performance de suas atividades focadas em resultados."

FRASE DIA 36

"O Sucesso depende muito dos seus sonhos, utilização de seus conhecimentos, habilidades, atitudes, e de muita dedicação e trabalho"

FRASE DIA 37

"Utilize todos os ensinamentos, métodos e ferramentas para a execução de suas estratégias, mas lembre-se também de importantes competências como empatia, saber se relacionar, fazer o mais simples possível, focando no que realmente é necessário ser feito"

FRASE DIA 38

"Tenha sempre seus objetivos bem claros, trace metas alcançáveis e crie estratégias e ações para alcançar e superar os resultados profissionais e pessoais."

FRASE DIA 39

"O espírito de equipe, de sinergia, de engajamento, de querer ajudar e ser ajudado são vitais no processo de vendas."

FRASE DIA 40

"Seja focado, não desperdice tempo naquilo que não é prioritário, aprenda a dizer não, tenha planejamento, se organize e tenha controle de suas atividades."

FRASE DIA 41

"Seja apaixonado pelo que faz, goste de pessoas e de desafios, bem como seja criativo, proativo e entusiasta, os resultados virão."

FRASE DIA 42

"Não sabemos tudo, estamos sempre em processo de melhoria, por isto a humildade em reconhecer e estar aberto a novos conhecimentos, habilidades e atitudes, te levarão com certeza a otimização de sua performance".

FRASE DIA 43

"Aprenda a reconhecer, incentivar, motivar, e também a dar exemplo, pois isto mostra comprometimento e fortalece a confiança da equipe."

FRASE DIA 44

"Seja a alavanca necessária para que o que foi planejado aconteça, envide todos os esforços e utilize de forma adequada o que tem de oportunidade de melhoria em seu desenvolvimento, seja grato!".

FRASE DIA 45

"O devido propósito e o algo a mais dedicado ao resultado é um grande diferencial para a superação da barra proposta."

FRASE DIA 46

"Quer saber o principal Segredo em Vendas: Saber perguntar!!! Faça as perguntas certas no momento certo, respeitando o saber ouvir, em todas as etapas de vendas e tenha respostas preparadas. Com certeza abrirá muitas oportunidades!".

FRASE DIA 47

"Estude detalhadamente os seus casos sucesso, de seus colegas, e outros que achar interessante, com certeza serão de muito aprendizado e para "benchmarking", facilitando bastante as próximas negociações e suas novas conquistas."

FRASE DIA 48

"Devemos nos renovar diariamente procurando sempre por pensamentos que nos levem aos nossos objetivos, sempre de forma positiva, construtiva e vencedora.

Sucesso!."

FRASE DIA 49

"A perda ou não ganhar, é a oportunidade para reflexão e avaliação das estratégias e táticas utilizadas por você e sua equipe, incluindo comportamento, preparação, psicológico e outros em comparação ao seu oponente e a humildade de aceitação, respeito e consideração para trabalhar nas melhorias e executá-las."

FRASE DIA 50

"Quer ser feliz e conseguir sucesso naquilo que faz, assuma atitudes positivas e faça com que elas contaminem seu ambiente."

FRASE DIA 51

"Largue de sua arrogância e pomposidade em estar numa posição de destaque no momento. Seja humilde, tenha gratidão e trate todos como gente, com certeza terá mais recompensas."

FRASE DIA 52

"Seja agradecido com os clientes que reclamam, eles são uma das principais fontes na indicação de melhorias e te dão a oportunidade de você fazer eles novamente satisfeitos."

FRASE DIA 53

"No mundo dos negócios temos que ser muito competitivos e nos atermos fortemente nos atos de comprar bem e de vender melhor ainda."

FRASE DIA 54

"O profissional de vendas deve ter o foco na vitória, mas para ter o sucesso esperado ele precisa se planejar, se preparar com as competências e atitudes necessárias, muito trabalho, estar muito motivado, esperançoso e bastante fé para chegar lá."

FRASE DIA 55

"O maior ensinamento que podemos fazer para nossos profissionais de vendas não é só usar nossos exemplos e vitórias, mas mostrar-lhes e aprimoramos suas próprias competências e atitudes."

FRASE DIA 56

"Neste mundo competitivo, conhecer seus compradores, influenciadores e tomadores de decisão, com seus estilos, cadeias de valores, necessidades, anseios, sonhos, se torna cada vez mais imperativo nas negociações estratégicas."

FRASE DIA 57

"Nunca menospreze seus concorrentes, faça tudo para conhecer suas movimentações e procure desenvolver estratégias e ações para superá-los com sucesso."

FRASE DIA 58

"Se você não tem GRATIDÃO (Não é GRATA/O), muitos problemas aparecerão. SEJA GRATO(A) e FELIZ!."

FRASE DIA 59

"O Máximo em Vendas é para ser superado, mas só acontece para aqueles que têm o firme propósito, muita garra, determinação, "faca nos dentes, paixão e muita fé no que faz."

FRASE DIA 60

"Numa negociação é primordial se conhecer o máximo possível quais são as reais intenções "do outro lado da mesa". Para isto a principal ferramenta utilizada é a de fazer perguntas objetivas e inteligentes e estar preparado para fazer frente às respostas."

FRASE DIA 61

"Quanto mais você for o tipo de pessoa que gostaria de conhecer, mais você terá amizades e relacionamentos que abrirão muitas portas."

FRASE DIA 62

"Tenha fortes relacionamentos e conheça de forma adequada os processos e negócios de seus clientes. Com isto feito, conseguirá desenvolver e oferecer soluções inovadoras e criativas que venham de encontro com os valores e diferenciais que ele espera de você."

FRASE DIA 63

"A Simplicidade e Humildade são umas das mais altivas competências para o equilíbrio em todos os sentidos dos profissionais, Pratique!." Alfredo A Luz

FRASE DIA 64

"É melhor ajudar a quem necessita junto com algo que valorize a dignidade dele."

FRASE DIA 65

"Saber lidar e gostar de gente são inspirações e habilidades importantes de um líder, ou seja, tratar a todos como gostaria que você e os seus fossem tratados, respeitando sempre a diversidade e a inclusão."

FRASE DIA 66

"Surpreender seus clientes, superando as expectativas com soluções inovadoras, vai ser a premiação de um trabalho de parceria e conhecimento dos processos e negócios dos mesmos."

FRASE DIA 67

"Uma das maiores virtudes e vitória que temos em nossas vidas é surpreender a quem nos julga incapaz."

FRASE DIA 68

"Quer ter fortes relacionamentos e mais amor com a vida? Comece a dedicar mais seu tempo com a lucratividade emocional e não financeira."

FRASE DIA 69

"Ensinar o que sabe aos outros servirá como fonte inesgotável para seu aprendizado."

FRASE DIA 70

"Caráter é uma habilidade duradoura de manutenção de situações que permanece ao longo do tempo, diferente da emoção."

FRASE DIA 71

"Você e sua concorrência irão continuar a fazer sempre o mesmo, até que você comece a mostrar diferenciais e valores agregados aos seus produtos e serviços."

FRASE DIA 72

"Não queira ser "grande" ou estar totalmente preparado para começar, o realmente importante é começar e trabalhar para que no tempo adequado se tornar "grande" e mais preparado."

FRASE DIA 73

"A arte do convencimento em Vendas não está somente na habilidade de falar, sem a prévia habilidade de perguntar."

FRASE DIA 74

"Nunca devemos deixar de acreditar em nosso potencial, mas devemos sempre arregaçar as mangas e tomar a atitude de fazer as coisas acontecerem."

FRASE DIA 75

"Nem sempre estamos totalmente motivados e devidamente preparados para os desafios que encontramos diariamente em nossas vidas, sejam pessoais ou profissionais. Aí vamos à busca das inspirações sejam elas divinas, como também daquelas que servirão como exemplo para nossas realizações."

FRASE DIA 76

"A qualidade intrínseca de nossos produtos e serviços levam aos resultados em Vendas. Os resultados em Vendas levam ao sucesso da empresa."

FRASE DIA 77

"Ver o mundo colorido em vendas facilita muito a abertura de portas, os relacionamentos, a empatia e consequentemente os fechamentos de vendas."

FRASE DIA 78

"Seja contagioso, mostre sempre ser o EXEMPLO, irá com certeza contagiar a maioria."

FRASE DIA 79

"Todos nós temos a liberdade de descobrir nosso caminho e termos a oportunidade de darmos nossa contribuição e sermos compensados de alguma forma. Se for na área de Vendas, com certeza foi uma ótima escolha e te desejo Sucesso!."

FRASE DIA 80

"Ter o DNA VENCEDOR é uma das principais características dos profissionais de Alta Perfomance em Vendas."

FRASE DIA 81

"A Humildade, Gentileza e Gratidão são imprescindíveis em nossa vida profissional e pessoal, e muitas vezes deixada de lado e não praticada como deveria. Faça uma reflexão e veja o quanto elas poderiam te ajudar no sucesso de suas estratégias e ações."

FRASE DIA 82

"Em vendas a dedicação e persistência transforma a sorte em coadjuvante para o atingimento e superação dos resultados e o sucesso esperado."

FRASE DIA 83

"Também em vendas, temos que adotar a lição de não sofrer antes do tempo, pois na maioria das vezes "as coisas" mudam muito rapidamente e/ou se resolvem, antes de poder fazer algo. Também procure não deixar para depois, o que já pode limpar de sua lista de prioridades."

FRASE DIA 84

"Vender é o dom de identificar aqueles que irão acreditar lhe dar a oportunidade e abrir a possibilidade da transferência de seus produtos, serviços e soluções, para atender as necessidades, satisfazer e superar as expectativas e sonhos dos mesmos."

FRASE DIA 85

Alguns passos para fazer uma apresentação de vendas vencedora:

1. Escute tudo o que puder antes de falar;
2. Invista muito na preparação;
3. Você precisa entender seu público alvo, analise-o detalhadamente e entenda como você poderá ajudá-lo(s) e monte a apresentação para atendê-lo(s);
4. Seja entusiasmado, confiável, demonstre conhecimento, se mostre confiante e que você realmente

esta ali para poder ajuda-lo;

5. Faça apresentações divertidas, seja criativo e mostre bastante energia;

6. Não deixe que recursos visuais, que irão auxiliá-lo, sejam a estrela, você deve causar o maior impacto;

7. Esteja pronto para o próximo passo no processo de vendas.

FRASE DIA 86

"Inovação pode ser definida simplesmente como uma "nova ideia, dispositivo ou método. No entanto, a inovação também é frequentemente vista como a aplicação de melhores soluções que atendem a novos requisitos, necessidades não articuladas ou necessidades de mercado existentes. (Wikipedia.com)

O profissional de alta performance em vendas deve estar atento e continuamente focado em conhecer os processos, necessidades, expectativas e sonhos de seus clientes e procurar inovar sempre, ou seja apresentar as melhores soluções, estando sempre na frente de sua concorrência e obter o sucesso desejado."

FRASE DIA 87

"Para ser um profissional de alta performance em vendas e ser bem sucedido é preciso ter conhecimentos adequados naquilo que estiver lidando, ter proficiência nas habilidades necessárias e ter a(s) atitude(s) correta(s). Todas as três são igualmente importantes e relevantes, embora nem sempre damos a devida importância à(s) atitude(s) correta(s) para sermos bem-sucedidos."

FRASE DIA 88

"Nem todas as tecnologias existentes e as que virão tirarão completamente, principalmente nas vendas mais complexas, o "tête-à-tête do relacionamento em vendas". A pessoa vem antes dos produtos e serviços, ou seja, as pessoas compram você antes dos seus produtos e serviços. Por isto nunca perca a oportunidade da primeira impressão. "

FRASE DIA 89

"Maximizar o potencial da força das equipes de vendas destacando o valor dos profissionais para o sucesso e garantindo que todos foquem neste sentido, com talentos inclusivos / seletivos e envolvimento de todos, somados ao fortalecimento da ênfase da atração, desenvolvimento, gestão e retenção destes talentos serão fundamentais para a consecução das estratégias e ações pré-definidas."

FRASE DIA 90

"Cada vez mais Vendas e Marketing andam juntos com total sinergia, seja na criação de conteúdo para as mais diversas plataformas e canais, bem como na comunicação digital com insights relevantes, sempre focados na excelência de relacionamento e atendimento dos clientes atuais e potenciais."

FRASE DIA 91

"Em Vendas nem sempre o mais importante é ser o melhor, mas sim dar sua melhor contribuição para a superação de resultados de sua empresa."

FRASE DIA 92

"Vendas desde os primórdios é parte de um processo de troca, ou seja é a superação das expectativas daqueles que estão necessitando de alguma forma da compra e o efetivo fechamento da troca".

FRASE DIA 93

"Nas equipes de Alta Performance em Vendas deve existir total confiança entre os membros e no objetivo comum. Clareza do trabalho sinérgico, conhecimento e compromisso com as metas individuais e da equipe. Total envolvimento de todos e oportunidades de contribuição.

É oportuno estar em desacordo, mais os conflitos são gerenciados. Toda critica deve ser construtiva e focada na resolução dos problemas encontrados. As decisões são de acordo com a maioria, todos tem a mesma importância e o respeito entre todos é preponderante."

FRASE DIA 94

"Como as águias, nós de vendas renascemos a cada situação difícil, procurando sempre uma alternativa e forma vencedora de superar os obstáculos e obter o sucesso desejado."

FRASE DIA 95

"Não existe a palavra IMPOSSÍVEL para o profissional de vendas, ele sempre irá procurar uma forma de apagar o IM inicial e transformar em POSSÍVEL."

FRASE DIA 96

"Tudo muda até bermuda, mas nada é tão real quando as vendas acontecem e as metas atingidas. Planos executados, mudanças e vida dos colaboradores nos mais diversos níveis e outras. Vendas é o coração da empresa e necessita sempre continuar batendo!."

FRASE DIA 97

"Devemos começar todos os nossos dias já almejando aqueles fechamentos prováveis, com pensamentos positivos e focados, eles atrairão as vendas."

FRASE DIA 98

"Ter vendas como sangue correndo nas veias, fortalece em muito os desafios do dia a dia, trazendo na maioria das vezes a motivação e a luz que faltava para a obtenção do sucesso nos fechamentos de vendas."

FRASE DIA 99

"Lembre-se que vender é uma forma de convencimento ao potencial interessado, no que seu produto, serviço ou solução pode ajudá-lo e ter ganhos de alguma forma."

FRASE DIA 100

"Em vendas ter a atitude e se utilizar das competências necessárias com os conhecimentos e habilidades adquiridas, fará com que tenha bons resultados e seja recompensado pelo que faz com o que sabe fazer."

FRASE DIA 101

"A emoção da expectativa de um fechamento de vendas só é superado pelo entusiasmo e alegria de quando temos certeza que fomos escolhidos e fechamos o pedido, principalmente aqueles que são muito importantes na superação da meta."

FRASE DIA 102

"Gratidão é um ato simples que precisa ser praticado todo dia e quanto mais praticado aumentará seu alto-astral e do seu em torno."

FRASE DIA 103

"Conhecer o 'Organograma real' de seus clientes é extremamente importante em Vendas. Verá que muitos que influenciam ou decidem são personagens diferentes ou com posições diferentes no organograma oficial."

FRASE DIA 104

"Em vendas muitas vezes encontramos fortes dificuldades e barreiras, muitos "nãos", pensamos em desistir, mas somos persistentes e não vergamos facilmente, acreditamos na luz no final do túnel e acabamos sempre encontrando um caminho que nos ajuda, nos levanta, uma porta que se abre e nos renovamos, até com um pequeno fechamento de vendas e continuamos firmes no nosso propósito que é superar as objeções, nossas metas e expectativas de nossos clientes."

FRASE DIA 105

"Muitas vezes temos que ser "muito agressivos" e mostrar o porquê de nossa existência e presença, ou seja, nossas "garras" para abrirmos espaços, quebrar barreiras, afugentando nossas concorrências e consequentemente termos novas conquistas ."

FRASE DIA 106

Os clientes não compram só o que necessitam..... Como você pode convencê-los que pode atender suas necessidades e abrir outras possibilidades? Esta é uma dica especial: Ouça atentamente seus clientes e enfatize de forma adequada e convincente todos os benefícios, valores e diferenciais que seus produtos e serviços podem oferecer, principalmente aqueles que reduzam custos e resolvam os problemas de seus clientes.

FRASE DIA 107

"Na maioria das vezes a grande concorrência não está fora da empresa, esta bem perto, ou seja dentro da empresa."

FRASE DIA 108

"Fazer as coisas com emoção e com raça são para poucos, e estes merecedores acabam chegando na frente e sendo vencedores."

FRASE DIA 109

"Um recurso muito importante em vendas é transformar o intelecto, ou o conhecimento em conjunto com as habilidades na alta performance em situações reais de negócios."

FRASE DIA 110

"Estar à frente de sua concorrência além de ser inovador, criativo, oferecer benefícios, valores, diferenciais, é incorporar o melhor do melhor em sua organização, ou seja, excelência e estar sempre na vanguarda."

FRASE DIA 111

"Não deixe que as mais diversas interferências, não

importantes e urgentes, que não contribuem, tirem você do seu objetivo principal, foque no que planejou e que precisa realizar."

FRASE DIA 112

"Se você quer muito chegar lá naquilo que tenha a intenção, faça um planejamento minucioso com metas possíveis de serem alcançadas e trabalhe forte para fazer sua execução, não deixe na gaveta!."

FRASE DIA 113

"Adiante seu processo de ser feliz, não precisa esperar tanto tempo e ter muita experiência para entender isto: VOCÊ PRECISA DE TÃO POUCO!."

FRASE DIA 114

"A Inteligência Empresarial é primordial para acompanhar o movimento da concorrência e ter as informações necessárias para suas estratégias e planos de ação."

FRASE DIA 115

"Três pontos estratégicos são vitais para se ter uma equipe de alta performance: Motivação com competição e reconhecimento; Engajamento com visibilidade da receita / lucratividade e compartilhamento das melhores práticas; e Coaching com consistência, tratativa individual e atribuição de itens de ação."

FRASE DIA 116

"Transformar os problemas em oportunidades gerando soluções importantes e inovadoras é a demonstração clara das competências de líderes vencedores."

FRASE DIA 117

"Precisamos fazer sempre muito mais que nossos concorrentes, para isto precisamos estar atentos em suas movimentações e estarmos preparados para suplantá-los nas mais diversas situações e focados para exceder as expectativas de nossos clientes."

FRASE DIA 118

"O grande segredo das empresas de sucesso é a INOVAÇÃO, que transformam ideias em ações e consequentemente em resultados."

FRASE DIA 119

"Saia fora da caixa, assuma o controle, tenha atitudes

construtivas e inovadoras que acabarão em mudanças positivas e na geração de resultados."

FRASE DIA 120

"Ter RESPOSTAS RÁPIDAS (Fast Response) para seus clientes, atendendo e superando as expectativas dos mesmos é um diferencial que poucas empresas efetivamente realizam."

FRASE DIA 121

"A empresa que terá sucesso é aquela que tiver a percepção necessária para compreender o que é necessário para atender, agradar, surpreender, encantar e reter os seus clientes."

FRASE DIA 122

"Os profissionais de alta performance em vendas acabam tendo os melhores resultados não só definindo suas metas, mas atingindo-as. Ter objetivos claros e um plano para alcança-los é primordial ou vira apenas um sonho. "Não perder seus objetivos de vista e fazer acontecer seu plano é a chave do sucesso."

FRASE DIA 123

"Todo profissional de alta performance em vendas deve praticar bons hábitos de gerenciamento de tempo e aproveitar ao máximo seu tempo eliminando demandas que não ajudam diretamente a gerar os resultados esperados. As metas devem estar claramente alinhadas, avaliadas e rapidamente eliminadas ou atualizadas dentro do alinhamento."

FRASE DIA 124

"Uma primeira e importante dica para rápidos resultados somada a prospecção de novos clientes é trabalharmos forte em um plano muito bem elaborado para recuperação dos clientes inativos."

FRASE DIA 125

"Saber a diferença em nossas atividades do que importante, urgente e prioritário é primordial em nosso dia a dia, deve-se ter muito claro o que é mais urgente do que importante, ou vice-versa. Assim, pode-se priorizar de maneira competitiva o que é necessário na execução das atividades."

FRASE DIA 126

"Ter uma equipe de vendas de alta performance não é uma tarefa fácil, além das competências e atitudes necessárias, estarem alinhados com os objetivos, metas, estratégias e valores da empresa, se tornando imperativo o comprometimento e o alto espírito de sinergia, mesmo com toda diversidade que possa existir, no foco principal da melhoria constante de produtividade e nos resultados da empresa."

FRASE DIA 127

"Quando for fazer um orçamento/proposta, seja de produtos ou de serviços, faça de forma personalizada (customizada), procure mostrar seus diferenciais, valores agregados, benefícios em relação à sua concorrência. Mostre os ganhos, investimentos/retorno, custo de oportunidade e tudo o que puder sem "ser exagerado" e utilizando bom senso para despertar interesse, surpreender, deixar seu cliente propenso a fechar com você. Faça follow up na medida e certamente terá o pedido."

FRASE DIA 128

"Quando perder um pedido, lembre-se que um colega de vendas concorrente ofereceu algo a mais e levou. Prepare-se melhor para a próxima."

FRASE DIA 129

"Se você procura se destacar para ter sua oportunidade, se prepare adequadamente como os atletas vencedores, tendo coragem de correr riscos e ultrapassar obstáculos, muito trabalho, determinação, dedicação, esforço, persistência, fé e paixão. Largue de reclamação e choramingação e recomece, com a renovação de suas forças em busca de teus sonhos."

FRASE DIA 130

"A observação do mercado é chave para a competitividade, por isto ter uma inteligência de mercado é primordial para acompanhar a movimentação da concorrência, antecipação das tendências, identificação das oportunidades, ter vantagens competitivas, a melhor direção no momento certo e da melhor maneira possível, entre outras coisas."

FRASE DIA 131

"Nem sempre em nossas vidas temos o que queremos no tempo certo, muitas vezes acabamos fazendo as coisas no tempo que a vida nos oferece, no tempo em que as coisas se encaixam, no tempo de Deus, mas devemos criar e fomentar nossas oportunidades e realizações no nosso tempo, tempo que acharmos certo e oportuno, e não perdermos a nossa vez de fazermos aquilo que sempre sonhamos. O tempo passa muito rápido e precisamos aproveitar do nosso tempo"

FRASE DIA 132

"Execução é um ato que faz acontecer aquilo que foi planejado, transforma planos em realidade, acaba sendo a conduta que assegura os resultados."

FRASE DIA 133

"Devemos ser humildes o suficiente para estarmos sempre abertos ao aprendizado e as melhorias constantes, isto nos leva a muitas oportunidades que nem sempre estávamos vislumbrando."

FRASE DIA 134

"Saia do óbvio se diferencie para seus clientes, faça algo a mais, pense em algo inédito, inovador, que agregue valor, que os surpreendam, os seduzam, os encantem, levando à consequente retenção, fidelização e duradouros relacionamentos."

FRASE DIA 135

"Não se limite, saia de sua zona de conforto, faça sempre mais que os outros, se prepare adequadamente, seja persistente, errando ou perdendo é que se aprende. Trabalhe duro, tenha compromisso, se esforce e verá sua recompensa e resultados."

FRASE DIA 136

"Crie hábitos positivos em sua vida pessoal e profissional, comece aos poucos, passo a passo em doses homeopáticas. Não queira dar o passo maior que a perna, trace metas possíveis, fracione-as para que possa realizar. Dê pequenos passos em direção ao seu objetivo e aumente regularmente. Seja persistente e motivado, prove para você mesmo que é capaz.!"

FRASE DIA 137

"Gostar de gente é um dom que enobrece as competências dos bons profissionais e líderes de sucesso. Saber lidar com todos os tipos de pessoas com coração aberto é um diferencial, pois cada uma tem sua personalidade, particularidade, problemas ou alegrias, e todas precisam serem respeitadas. A prática no dia a dia deste dom leva a autoconfiança, quebra gelo, empatia, comunicação, sinergia, e ao espírito de equipe e consequentemente a excelentes resultados. Pratique!."

FRASE DIA 138

"Em vendas fazer visitas produtivas aos clientes é primordial. Estar presente ou se manter presente faz parte das principais atividades de vendas. O segredo é a periodicidade, planejamento (lição de casa), saber ouvir, perguntar e dar o suporte possível aos seus clientes em seus anseios, expectativas, planos e sonhos. Saber antes e estar sempre atualizado a respeito de seus clientes são diferenciais competitivos que geram fortes relacionamentos, fidelidade e resultados."

FRASE DIA 139

"Em Vendas, o final do mês acaba sendo os últimos dias para superação das metas. O ideal seria o fechamento antecipado, mas rotineiramente os pedidos fechados adicionalmente ajudam em muito, sejam para o mês, se ainda possíveis de faturamento, ou já criando a carteira para os próximos meses. O ciclo de vendas continua, já com pensamento da meta do próximo mês. Isto tudo fazem parte da nossa missão e nos motivam em vendas."

FRASE DIA 140

"Não espere pelo seu futuro, faça tudo para que ele seja criado. Quanto mais trabalho e foco neste sentido, acreditando e tendo fé, mais rápido ele se realizará."

FRASE DIA 141

"Uma mudança de atitude pode transformar nossas vidas. Saímos de uma situação de aceitação ou rejeição, de reclamação ou de lidar com a situação. Transforme as situações difíceis em superáveis, problemas em oportunidades, aprenda a dizer não!. Tenha atitudes e as use quando necessário, te ajudarão em muito!

FRASE DIA 142

"Dificuldades existem para serem superadas, e de alguma forma encontradas as soluções para elas. Envidemos todos os esforços para encontrarmos o caminho para fazermos as correções necessárias, superá-las adequadamente e conseguirmos nossos objetivos almejados."

FRASE DIA 143

"Quando tentar um caminho e encontrar barreiras, não desista!, sempre tem alternativas possíveis. Deus sempre nos abre outras portas para chegarmos lá. Todos nós temos nossas oportunidades, precisamos insistir e ter fé!."

FRASE DIA 144

"O Sucesso é reservado para aqueles que trabalham e são determinados para obtê-lo. Eles tem todos os dias a gana, o sangue nos olhos, a faca nos dentes contra todas as adversidades, para conseguirem o que almejam!."

FRASE DIA 145

"Ter um código de ética nas empresas, principalmente nos dias atuais é um elemento estratégico indispensável. Ter uma cultura ética acabou se tornando primordial. Seu bom funcionamento e alimentação são primordiais para a sobrevivência das empresas."

FRASE DIA 146

"Saber fazer acontecer o que planejou é focar nas deliberações presentes que irão refletir no futuro."

FRASE DIA 147

"Tenha sempre hábitos positivos no seu dia a dia, e os repita sempre, com certeza te levarão ao sucesso de suas aspirações."

FRASE DIA 148

"Oferecer valor ao seu cliente, é necessário entender como se mede o valor, e o que faz ele ser reconhecido pelo cliente".

FRASE DIA 149

"Em nossas vidas o mais importante não é o convencimento das pessoas pelas palavras, mas sim pelas atitudes surpreendentes."

FRASE DIA 150

"Nossa vida pode dar muitas voltas, idas e vindas, mas com certeza, sempre com sua ajuda, quem dá o último laço é Deus! Acredite, Tenha Fé.!"

FRASE DIA 151

"Quer enobrecer sua alma? seja honesto e verdadeiro, um exemplo para futuras gerações."

FRASE DIA 152

"Os indicadores chaves de performance são muito importantes para avaliação se as nossas estratégias e ações pré-definidas estão sendo executadas dentro do planejado, com o acompanhamento periódico e devidas correções, melhorias e aprendizado constante."

FRASE DIA 153

"Quer melhorias em seus processos, produtos e serviços de forma rápida, crie em sua empresa um processo de "benchmarking" onde poderá ter acesso às melhores praticas com excelência, referências estratégicas e aprendizado a toda sua equipe."

FRASE DIA 154

"Ter simplicidade é deixar de lado certos modelos tradicionais e se concentrar no que é essencial, é simplificar tudo que não precisa ser complexo, ou seja, descomplicar e se concentrar onde se possa obter mais impacto e criar mais valor."

FRASE DIA 155

"Largue de esperar que as coisas aconteçam, não fique na dependência de outros, FAÇA VOCÊ ACONTECER! vamos lá, mão a obra."

FRASE DIA 156

"VENDA SEU PEIXE: Saber se vender é transformar seus conhecimentos, habilidades e atitudes em algo que apareça, que crie confiança, que convença, e principalmente supere as expectativas."

FRASE DIA 157

"Mostre sempre seu lado de guerreiro e que sua força não se concentra só no ataque, mas muito nas estratégias de resistência."

FRASE DIA 158

"Para ajudar a transformar sua vida seja generoso, pratique a gentileza, o respeito, a delicadeza, a tolerância e amor ao próximo. Deixe aflorar seus sentimentos positivos, seja aquele(a) que faz a diferença!."

FRASE DIA 159

"Quando você é guiado pelos seus SONHOS, você deixa de ser levado pelos seus problemas."

FRASE DIA 160

"Afaste seus medos, você precisa ACREDITAR em você e que é POSSÍVEL, elimine os obstáculos, foque otimizando seu tempo e faça seu PLANO com METAS possíveis e vá a luta!."

FRASE DIA 161

"Sempre vá de encontro com pessoas que te inspirem, te motivem, te façam feliz e verdadeiramente agreguem e melhorem você de alguma forma."

FRASE DIA 162

"Faça do impossível, o possível, transforme suas idéias, crie seus caminhos, abra novas portas, acredite em você e em seus sonhos."

FRASE DIA 163

"As vezes a vida nos oferece um caminho diferente que tinhamos traçado, algo que não estava em nossos planos e precisamos acreditar e termos fé que este é um sinal que pode até ser o melhor ou necessário ou que faz parte da vida. Por isto devemos entender, se adaptar e arregaçar nossas mangas para enfrentarmos estes novos desafios com toda garra que com certeza chegaremos lá.!

FRASE DIA 164

"Devemos aprender e sermos sensíveis às coisas belas da vida, e vivermos intensamente cada momento, isto nos ajuda muito no entendimento da nossa vida pessoal e profissional e vivermos melhor."

FRASE DIA 165

"Ajudar as pessoas na obtenção do sucesso é uma das missões mais nobre de uma liderança de alta performance. Sucesso deles é o seu Sucesso!

FRASE DIA 166

"Quando for fazer um corretivo, faça de forma confidencial e sem ofender, sem humilhação, dê sua orientação. Mas quando for elogiar faça em público, homenageie, enalteça, se possível recompense e use como exemplo motivador."

FRASE DIA 167

"JOGUE PARA GANHAR (PLAY TO WIN), este deve ser grito de guerra, conheça seu(s) oponente(s) ou objetivo(s), se prepare adequadamente, faça sua lição de casa, trabalhe fortemente e tenha fé e perseverança."

FRASE DIA 168

"Se você não pode fazer tudo o que deveria para ajudar de alguma forma seus colegas, amigos, companheiros e semelhantes, faça pelo menos o que pode, um pouco pode ser muito e com certeza verá os frutos desta ação."

FRASE DIA 169

"Você deve acreditar em seus sonhos, se dedicar a eles, enfrentar todas as barreiras que venham pela frente, ter pensamentos e atitudes positivas, entusiasmo, e constante espírito de continuidade."

FRASE DIA 170

"Para se obter o sucesso almejado, além da motivação e ação concreta (muito trabalho), tem que se ter atitude para transformar seus desejos, vontades e sonhos em realidade."

FRASE DIA 171

"Saber ouvir é um dom daqueles que aprenderam que quanto menos se fala, mais se escuta!."

FRASE DIA 172

"Uma competência primordial é a EMPATIA, que é a capacidade insubstituível e inestimável de se obter reações positivas do seu interlocutor. Muitas vezes tendo a sensibilidade de fazer ajustes necessários."

FRASE DIA 173

"Em nossa vida, o que realmente importa na prática não está no ato de dar marteladas, mas saber exatamente aonde dar a martelada!".

FRASE DIA 174

"A Liderança não é o cargo em que está ou título que conquistou, é seu ato diário como exemplo!."

FRASE DIA 175

"Você não precisa provar para ninguém que você é o melhor, continue fazendo o seu melhor."

FRASE DIA 176

"Resgate os seus sonhos, sonhar vale a pena, grandes metas começam com um sonho. Um sonho sem ação é o mesmo que nada, planeje e execute o seu sonho, para que ele não se torne somente uma boa lembrança. O sonho é um grande aliado para o seu sucesso."

FRASE DIA 177

"Todos somos únicos, singulares. Devemos ampliar nossa lente para atrair e reter diferentes pessoas e aproveitar o melhor de cada um, respeitando as diferenças."

FRASE DIA 178

"Em seu dia a dia é muito importante você saber a diferença entre o ESPERAR e o PERDER TEMPO!."

FRASE DIA 179

"Nunca se esqueça que seus erros do passado te ajudaram muito em toda a sabedoria do seu presente."

FRASE DIA 180

"Suas palavras alimentam sua alma, e você pode escolher entre nutri-la ou envená-la."

FRASE DIA 181

"As vezes temos que ter INICIATIVA, pois nem sempre as coisas caem do céu. Pare de esperar e comece logo a AGIR em direção às suas METAS."

FRASE DIA 182

"Saiba distinguir a força para mudar o que pode ser mudado e a humildade e aceitação para aquilo que não pode ser mudado."

FRASE DIA 183

"Um grande desafio em nossas vidas é conseguir que nossa mente se silencie para poder ouvir nossa alma."

FRASE DIA 184

"Faça sempre o melhor que puder para surpreender seus clientes, eles com certeza irão querer voltar, querer comprar de novo, te divulgar e trazer novos clientes."

FRASE DIA 185

"Faça sua parte, deixe seu toque! faça o possível para ajudar e viver para os outros. Imite a natureza onde nada vive para si. A vida é muito melhor quando somos parte da felicidade deles."

FRASE DIA 186

"Às vezes aprendemos muito mais com nossos pets sobre humanidade e outras coisas, do que com humanos!"

FRASE DIA 187

"Temos que ser humildes suficientemente para admitirmos nossas oportunidades de melhorias, elaborarmos nossos processos de aprendizado e termos a devida maturidade para trabalharmos nas mesmas."

FRASE DIA 188

Um grande problema de COMUNICAÇÃO, que se aplica também em vendas, é que nós não escutamos como deveríamos para entender as necessidades e expectativas de nossos clientes internos e externos. Nós escutamos para responder!."

FRASE DIA 189

"Resposta Rápida (Fast Response) aos seus clientes, como você gostaria de receber, será um grande diferencial competitivo e uma grande vantagem para sua empresa, buscando sempre a excelência em serviços."

FRASE DIA 190

"Eliminar tudo que não cria valor e ter como chave a Simplicidade se concentrando no que é essencial para transformar situações complexas em problemas simples é o caminho de sucesso para muitas empresas."

FRASE DIA 191

"O convencimento nem sempre é pelas palavras, mas na tomada de surpreendentes atitudes."

FRASE DIA 192

Para poder vender seu peixe, tenha claro quais são as

expectativas do seu interlocutor, mostre domínio sobre o assunto, e convença-o com sua melhor solução, benefícios, vantagens competitivas, valores e diferenciais em relação a outros que estão à procura da mesma "venda"."

FRASE DIA 193

"Não espere reconhecimento pelo que você faz, mas tenha certeza será cobrado pelo que deixa de fazer."

FRASE DIA 194

"Lembre-se que nas situações difíceis e nas crises os amigos não se afastam, mas facilitam em muito a seleção dos mesmos."

FRASE DIA 195

"O ato de tão logo que possível não corrigir nossos erros, é o mesmo que você cometer novos erros."

FRASE DIA 196

"Por incrível que pareça, mas sendo verdadeiro você acaba identificando os falsos."

FRASE DIA 197

"Não queira achar que tudo mundo é "otário", pois este é um grande erro dos "espertos"."

FRASE DIA 197

"Acredite, tenha pensamentos positivos, tenha

perseverança, não se desespere, tenha fé, pois o que é para ser seu já tem traçado um caminho para chegar até você."

FRASE DIA 197

"O segredo na proposição de uma solução competitiva aos seus clientes é entender "as dores" antes da identificação das necessidades, fazendo primeiro o correto diagnóstico e prescrevendo o melhor e na linguagem deles".

FRASE DIA 198

"A chave para maiores fechamentos de vendas é ter um formato simples de perguntas e respostas. Aprenda a perguntar em cada fase da venda e também esteja preparado para respostas, seus resultados irão crescer."

FRASE DIA 199

"Normalmente quando se encontram dificuldades pela frente na vida, o usual é a desistência. Somente são vencedores aqueles que persistem."

FRASE DIA 200

"Não venda somente produto, de uma nova roupagem neles e venda inovação, valor, benefícios, diferencial, experiência e verá novos resultados."

FRASE DIA 201

"A comunicação é a base da sustentação para podermos fazer com o que planejamos aconteça com sucesso."

FRASE DIA 202

"Não espere sua concorrência sair na frente, não "coma poeira". Inove, seja criativo, esteja ligado e surpreenda seus clientes."

FRASE DIA 203

"Invista num processo de autoconhecimento (competências, pontos fortes e oportunidades de melhoria), seja humilde e tenha maturidade para reconhecimento de suas limitações, lide com suas emoções, elimine o negativismo, esteja bem consigo e transforme-se para as conquistas que tem planejado em sua vida."

FRASE DIA 204

"Se você prestar atenção a felicidade sempre aparece quando nós vislumbramos a solução de nossos problemas, nas coisas simples e nos melhores momentos de nossas vidas, foquemos neles!."

FRASE DIA 205

"Não se preocupe em cometer erros, fazer tentativas e experimentar, pois é a maneira de se adquirir experiência e nas próximas vai poder separar o "joio do trigo"!".

FRASE DIA 206

"Você pode ser tanto o acelerador do seu sucesso, bem como o freio de mão quando necessário, mas não perca as oportunidades que passam em sua vida profissional e pessoal."

FRASE DIA 207

"Potencialize e Inove o motor da competitividade de sua empresa, otimize seus processos e prepare suas equipes para a Alta Performance, faça mais com menos recursos e foque na Excelência."

FRASE DIA 208

"Nem sempre as coisas acontecem pelas vias normais, siga seu coração e instinto que de alguma forma chegará lá!."

FRASE DIA 209

"Nem sempre conseguimos os resultados que esperamos. Mas temos que lembrar que tudo é um processo de aprendizado e aperfeiçoamento para que nas próximas tentativas tenhamos sucesso!."

FRASE DIA 210

"Faça tudo e esteja preparado para que "chova em sua horta", é sua vez, aproveite e agradeça!." Alfredo A Luz

FRASE DIA 211

"Lembre-se que sonho não tem data de validade, portanto trabalhe forte e focado na realização dos mesmos".

FRASE DIA 212

"Ponha todas suas energias e foque naquilo que realmente acredita e vislumbre obter sucesso."

FRASE DIA 213

"Na negociação ser empático, mostrar confiança, ter domínio sobre o que está falando, trará mais convencimento, portanto é muito importante tentar entender o outro lado da mesa, como é, como age, o que espera, e outros sinais que poderão ajudar você no processo de convencimento!."

FRASE DIA 214

"Vender seu peixe é estar preparado, conhecer seu interlocutor, entender suas necessidades e expectativas e convence-lo que você será ou está oferecendo a melhor solução! Venda da melhor forma possível e o mais rápido possível, e lembre-se que em certos momentos é possível ser caça, outras perecível e perder a oportunidade de ser o melhor."

FRASE DIA 214

"Devemos focar fortemente no planejamento e nos indicadores chaves de desempenho, medindo e comparando nosso desempenho com as melhores práticas de excelência de gestão. Disseminando estas melhores práticas, bem como mantendo atualizados nossos processos e nossos planos de melhorias."

FRASE DIA 215

"Algo muito importante e que devemos sempre nos lembrar, pois irá facilitar muito nossas vidas é que em certas situações é muito melhor chamar um especialista, pois o que importa na prática não está na martelada, mas saber aonde dar a martelada!".

FRASE DIA 216

"Utilize sempre da gentileza e gratidão, lembrando que nunca é muito cedo, pois não sabemos quando pode ser muito tarde. Esta simples atitude vai te ajudar muito em sua vida pessoal e profissional. Faça sua parte e se mostre exteriormente, como você deveria ser interiormente".

FRASE DIA 217

"Trabalhar em equipe é ajudar o próximo, todos são peças importantes no processo, cada um dá sua parcela de contribuição e faz parte do resultado final. Quando se vence, todos vencem e quando se falha a união na reconstrução é primordial."

FRASE DIA 218

"Quando se pretende alcançar e superar metas e desafios, é preciso além das competências de fazer acontecer, as atitudes de envolvimento e comprometimento e de acordo com o grau destas atitudes é que se têm maiores chances para o bom resultado e sucesso."

FRASE DIA 219

"Seja persuasivo em suas negociações, com o ato de motivação, forma, interativa, não coercitiva, e se utilizando da comunicação e tentativa de mudança de crença, atitude e comportamento do outro lado da mesa."

FRASE DIA 220

"Atitudes Chaves de Um Líder: Estimula as pessoas, encoraja o aprendizado e o crescimento, estimula os desafios e a criatividade, inspira entusiasmo, reconhece e compreende os sentimentos dos outros, respeita as diferenças individuais e as diversidades, mantém seu autocontrole, é flexível, dá feedback, elogia e é o exemplo."

FRASE DIA 221

"Se você não tiver clareza aonde quer chegar, nenhum vento vai poder lhe ajudar. Tenha metas bem definidas e assegure-se que está fazendo o que deve ser feito para alcançar seus objetivos. Analise periodicamente seu progresso."

FRASE DIA 222

"Não desista de seus sonhos, não vá na conversa daqueles que querem fazer você desistir, continue firme no seu propósito, acredite, tenha fé, lute, tenha perseverança e conquiste. Depois curta, celebre e seja feliz!."

FRASE DIA 223

"A Inspiração normalmente é o efeito e influência que vem de fora, dos outros. Mas a Motivação é o impulso interno que vem de dentro de nós e que nos leva à ação!".

FRASE DIA 224

"O Poder do Agradecimento é tão grande e tão forte, que

cada vez que o executamos nossa vida se enche de energia e positividade. Seja grato e pratique este simples gesto e verá melhorias em sua vida e seus resultados, é algo mágico!."

FRASE DIA 225

"A somatória de pequenos atos que consistentemente fazemos em nossas vidas acabam sendo melhores e mais efetivos do que aqueles que passamos tanto tempo planejando e não realizamos.".

FRASE DIA 226

"Às vezes é necessário sermos ousados, pois as coisas geralmente acabam acontecendo para quem sai na frente."

FRASE DIA 227

"Para encarar seus concorrentes mantenha um sistema de inteligência ativo, monitore suas movimentações, estratégias e ações, potencialize seu mix de produtos e serviços, analise seus fornecedores e negocie ou troque, identifique suas oportunidades de melhorias, pontos fracos dos concorrentes, explore os seus pontos fortes, adicione serviços aos seus produtos, ofereça benefícios, diferenciais, valores agregados e saiba aguardar o momento certo para garantir que tem uma experiência melhor para o seu cliente."

FRASE DIA 228

"Os seus antepassados aprenderam a superar as dificuldades que encontraram pela frente durante suas lindas passagens pela vida. Analise e reflita tudo de bom que poderá servir de exemplo para você e também supere as suas dificuldades e encontre seu caminho."

FRASE DIA 229

Algumas Dicas Campeãs para uma Equipe Realmente
Motivada: Manter um clima e ambiente de trabalho
saudável e agradável e com alto clima de sinergia e de
companheirismo; Dar todo suporte com uma liderança
eficiente, incentivando melhorias no desenvolvimento e
feedbacks à respeito do desempenho; Dar condições para
trabalhos desafiadores; Encorajar toda a equipe em
situações adversas ou nas conquistas; Os talentos
individuais não podem ser sobrepostos ao coletivo,
comprometendo o bom desempenho da equipe;
Proporcionar recompensas monetárias e de
reconhecimento; Ter entre os membros da equipe uma
competição saudável; Cada integrante da equipe deve ter
em mente que é responsável pelo sucesso de todo o
grupo; Trabalhar fortemente no coaching e treinamento
dos membros da equipe; Dar a oportunidade aos
participantes opinarem a respeito da liderança, como
oportunidade de melhoria; Mantenha profissionais que
saibam compartilhar, ser solidários e disponíveis para
ajudar o tempo todo; Se mostrar sempre como o exemplo
a ser seguido, seja transparente e de confiança; Esteja
sempre pronto e disponível.

FRASE DIA 230

"Seja sempre exemplo para sua equipe com atitudes motivadoras, criativas e inovadoras e faça a diferença."

FRASES MOTIVADORAS

SOBRE O AUTOR

Alfredo de Aguiar Luz – DBA e MBA no Brasil e EUA, estudou na Universidade Estadual Paulista (UNESP), na Universidade Presbiteriana Mackenzie, na Escola Superior de Propaganda e Marketing (ESPM-SP), na Fundação Getúlio Vargas (FGV-SP), na Madia Marketing School, na American Management Association, na California Coast University e Harvard Law School.

Trabalhou em grandes, médias e pequenas empresas, nacionais e multinacionais, por mais de 30 anos, exercendo funções na área Técnica e Vendas e Marketing, como na Diretoria de Vendas e Marketing, e também no cargo de Gerente Geral de Unidade de Negócios e Diretor Geral.

Tem muita vivência no gerenciamento e liderança de pessoas, tendo desenvolvido, treinado e feito coaching em diversas equipes de alta performance. Nestes anos de experiência superou consistentemente diversas adversidades, alcançando resultados, principalmente nos segmentos B2B e B2C, no Brasil e países emergentes da América Latina.

FRASES MOTIVADORAS

SUGESTÃO DE LEITURA

1) Para aquele leitores que gostariam de aprimorar seus conhecimentos, habilidades e atitudes para a Alta Performance em Vendas.

Eu sugiro meu livro **ALTA PERFORMANCE EM VENDAS: Excelência em Coaching e Treinamento de Vendas,** também na lista da Amazon, onde apresento uma forma bem simples e prática de planejar, executar, mensurar e implementar ações focadas sempre na alta performance em vendas.

O livro ajuda na definição de objetivos e metas para os problemas e / ou oportunidades de melhorias pré-identificadas.

Mostra o acompanhamento devido através dos indicadores chaves de performance (KPI´s).

Líderes e gestores tem ferramentas para o mapeamento de competências e atitudes dos profissionais de alta performance em vendas e para se definir necessidades de treinamento e coaching.

Além da criação da cultura de alta performance, também é mostrado o processo de aprendizado e de disseminação de casos de sucesso, inclusive com utilização de benchmarking.

Também é apresentado o desenvolvimento de política de incentivo e motivação focada no alcance e superação de resultados.

Lendo este livro obterá alguns benefícios como:

- Criação de uma robusta equipe de alta performance em vendas;

- Roteiro de ferramentas e metodologias para alta

performance em vendas;

- Aplicação imediata de forma prática para seu dia a dia;

- Excelência em gestão de treinamento e coaching para sua equipe;

- Como obter e /ou superar resultados expressivos e medir através dos KPI's;

- Criação de uma cultura exitosa de alta performance em vendas;

- Desenvolvimento de competências e atitudes dos profissionais de alta performance em vendas;

- Incentivo, motivação e recompensa para as equipes.

- Estratégias e planos de ação para ultrapassar a barra;

- Melhora consistente dos resultados de sua empresa.

**ALTA
PERFORMANCE
EM
VENDAS**

2) Um outro livro de minha autoria é o:

VENDAS PARA CONTAS CHAVES: Estratégias e

Ações para Profissionais de Alta Performance

Eu apresento neste livro ferramentas e metodologias para criação de um programa de Gerenciamento de Contas Chaves (KAM), onde profissionais de alta performance em vendas são devidamente treinados, preparados, incluindo coaching para exercerem a função de Gerente de Contas Chaves.

Além da criação da cultura para atendimento e relacionamento com excelência de contas chaves para toda a empresa, se tornando um processo de aprendizado interno e de disseminação de casos de sucesso, inclusive com utilização de benchmarking.

O livro ajuda desde a definição do KAM, principais pontos para serem executados na fase de se "fazer a lição de casa" com conhecimento do mercado, concorrentes, clientes / potenciais clientes, inteligência empresarial e produtos / serviços / soluções.

Também cobre assuntos como benefícios, valores agregados e diferenciais, a classificação dos clientes chaves, cadeia de valor e preparação de abordagem inicial, bem como como fazer visitas produtivas, apresentações vencedoras, propostas / orçamentos personalizados, bem como uma grande lista de perguntas chaves para serem feitas nas diversas etapas do processo de vendas.

Mostra o acompanhamento devido através dos indicadores chaves de performance (KPI´s), formas de avaliação de competências e atitudes, a importância de treinamentos, coaching, e de reconhecimento com incentivos e motivação.

O livro também aborda as etapas do Funil de Vendas, as Objeções, Fechamento e Pós Vendas e Manutenção das Contas Chaves. Apresenta principais benefícios do Programa de Gerenciamento de Contas Chaves e bonifica os leitores com diversos materiais sobre comportamentos, competências e atitudes relevantes.

É um livro que cobre os principais pontos para Gerenciamento de Contas Chaves, aplicáveis aos profissionais de alta performance em vendas que estão se preparando para a Gerencia de Contas Chaves, para consulta e para cargos superiores interessados em introduzir e manter este programa nas empresas.

VENDAS
para
Contas
Chaves

Estratégias e Ações
para
Profissionais
de
Alta Performance

Alfredo de Aguiar Luz

FRASES MOTIVADORAS

Os livros deste autor estão na lista online das lojas Amazon no mundo.

www.ingramcontent.com/pod-product-compliance
Lightning Source LLC
Chambersburg PA
CBHW071206220526
45468CB00002B/512